# कुछ तो कहिये...

# कुछ तो कहिये ...

वाणी प्रकाशन

**वाणी प्रकाशन**

*4695, 21-ए, दरियागंज, नयी दिल्ली 110 002*

फ़ोन : +91 11 23273167 फ़ैक्स : +91 11 23275710

**शाखाएँ**

*अशोक राजपथ, पटना 800 004, बिहार*

*कॉफ़ी हाउस कैम्पस, महात्मा गांधी मार्ग, इलाहाबाद 211 001, उत्तर प्रदेश*

*महात्मा गांधी अन्तरराष्ट्रीय हिन्दी विश्वविद्यालय, वर्धा 442 001, महाराष्ट्र*

*सुल्तानिया रोड, मोतिया पार्क, भोपाल 462 001, मध्य प्रदेश*

www.vaniprakashan.com
marketing@vaniprakashan.in
sales@vaniprakashan.in

KUCHH TO KAHIYE...
*by* Gulzar

ISBN : 978-93-5072-397-5
Ghazals



प्रथम संस्करण 2017
आवृत्ति 2020

मूल्य : ₹ 495

आवरण : पोलन ब्राँड कम्युनिकेशन्स



*सिटी प्रेस, दिल्ली-110 095 में मुद्रित*

*वाणी प्रकाशन का लोगो मक़बूल फ़िदा हुसेन की कूची से*

सफ़ेद मूँछों वाले शायर

नसीर अहमद नासिर

के लिए!

# पेश लफ़्ज़

ग़ालिब का शे'र है :

कुछ तो पढ़िये, के लोग कहते हैं  
आज 'ग़ालिब' ग़ज़ल सरा न हुआ

एक अरसे तक मैं ये शे'र ग़लत पढ़ता रहा :

"कुछ तो कहिये, के लोग कहते हैं..."

इसी निस्बत से ग़ज़लों के मजमुये का नाम रक्खा था :

"कुछ तो कहिये..."

अब, जब जायज़ा लिया तो अपनी ग़लती का एहसास हुआ। अरुण माहेश्वरी जी को नाम पसन्द था और डिज़ाइन भी अच्छा लग रहा था। लेकिन 'ग़ालिब' का ये शे'र उनकी इजाज़त बग़ैर बदल नहीं सकते थे। तय ये पाया, अब कौन जाये 'वहाँ' इजाज़त लेने। तो टाइटल वही रहने दिया और सबूत के लिए एक और शे'र कह लियाः

जलन गर फ़िक्र की न मद्धम हो  
ग़ज़ल कहिये के दर्द कुछ कम हो!

शुरू-शुरू में, रिवायत के मुताबिक़ नज़्मों के मजमुये में कुछ ग़ज़लें भी शामिल कर लेता था, लेकिन वो किताब के मिज़ाज के साथ नहीं जाती थीं। फिर वो छापना बन्द कर दीं। और अब वो तमाम ग़ज़लियात जमा कर के अलग से किताब बना ली।

यही 'त्रिवेणी' के साथ हुआ। एक मजमुआ अलग से 'त्रिवेणी' का शाया हो चुका था, लेकिन मिज़ाजन यह 'फ़ोर्म', 'ग़ज़ल' और 'क़ता' से मेल खाती है, इसलिए यह नयी 'त्रिवेणी' सब इसी मजमुये में शामिल कर लीं। ये पहले कहीं शाया नहीं हुईं।

अरुण माहेश्वरी बड़े हँसमुख इन्सान हैं। हँसते-हँसते उर्दू में भी किताब छाप देते हैं। इसीलिए हिन्दुस्तान में उर्दू मुस्कराती है। यही हमारा हिन्दुस्तानी विरसा है।

**–गुलज़ार**

# अनुक्रम

अब मुझे कोई इन्तज़ार कहाँ
वो जो बहते थे आबशार कहाँ

ख़ाली है अब सराये आँखों की
राहगीरों का एतबार कहाँ

बार बार उँगलियों पे गिनते थे
घंटों पहरों का अब शुमार कहाँ

बे-वजह बे-तुकी सी बेचैनी
वो जो था दर्द का क़रार कहाँ

पूरिया का उदास उदास अलाप
सर्द शामों का वो गुबार कहाँ

रोज़ दिया जलाना मन्नत का
और सलीम चिश्ती का मज़ार कहाँ

एक परवाज़ दिखाई दी है
तेरी आवाज़ सुनाई दी है

सिर्फ़ इक सफ़ह पलटकर उसने
सारी बातों की सफ़ाई दी है

फिर वहीं लौट के जाना होगा
यार ने कैसी रेहाई दी है

जिसकी आँखों में कटी थीं सदियाँ
उसने सदियों की जुदाई दी है

ज़िन्दगी पर भी कोई ज़ोर नहीं
दिल ने हर चीज़ पराई दी है

आग में क्या-क्या जला है शब-भर
कितनी ख़ुशरंग दिखाई दी है

इक बार तो यूँ होगा, थोड़ा-सा सुकूँ होगा
न दिल में कसक होगी, न सर में जुनूँ होगा

वो सामने आयेगा, और उससे कलाम होगा
कहते हैं कि ये होगा, सुनते हैं कि यूँ होगा

वो मोड़ भी आयेगा, जब तुमसे अलग होंगे
मालूम नहीं लेकिन, जो होना है क्यूँ होगा

ये शाख़ भी टूटेगी, ये घोंसला बिखरेगा
पर-तोल के फिर इक पल, ठहरूँ कि चलूँ, होगा

पहचानना क्या लोगो, मज़दूर के कपड़े हैं
बे-रंग पसीना है, जो लाल है ख़ूँ होगा

दिन कुछ ऐसे गुज़ारता है कोई
जैसे ऐहसाँ उतारता है कोई

दिल में अब यूँ सँभालता हूँ ग़म
जैसे ज़ेवर सँभालता है कोई

आईना देखकर तसल्ली हुई
हमको इस घर में जानता है कोई

पेड़ पर पक गया है फल शायद
फिर से पत्थर उछालता है कोई

कौन लपकेगा चाँद को बढ़कर
रोज़ ये गेंद उछालता है कोई

डूब रहे हो, और बहते हो
दरया किनारे, क्यों रहते हो

भूलने की कोशिश करते हो
आख़िर इतना क्यों सहते हो

तेज़ हवा में, सूखे तिनके
उनकी बातें क्या कहते हो

तह में गये तो रेत मिलेगी
सोच में क्यों डूबे रहते हो

ओस गिरा करती है जैसे, फूलों की गरमाइश पर
थोड़ा-थोड़ा बोले थे वो, थोड़ी-सी फ़रमाइश पर

फ़ासले हैं भी और नहीं भी, नापा-तोला कुछ भी नहीं
लोग बज़िद रहते हैं फिर भी रिश्तों की पैमाइश पर

मुँह मोड़ा और देखा कितनी दूर खड़े थे हम दोनों
आप लड़े थे हमसे बस इक करवट की गुंजाइश पर

शायद तीन नजूमी मेरी मौत पर आकर पहुँचेंगे
ऐसा ही इक बार हुआ था ईसा की पैदाइश पर

दिल का हुजरा कितनी बार उजड़ा भी और बसाया भी
सारी उम्र कहाँ ठहरा है, कोई एक रेहाइश पर

धूप और छाँव बाँट के तुमने आँगन में दीवार चुनी
क्या इतना आसान है ज़िन्दा रहना इस आसाइश पर

कोसा - कोसा लगता है
तेरा भरोसा लगता है

रात ने अपनी थाली में
चाँद परोसा लगता है

ग़म से इतना उंस हुआ
पाला - पोसा लगता है

गाल पे आँसू, हाथ तेरा
होंठ पे बोसा, लगता है

मेरा अक्स भी अब मुझको
एक है दो-सा, लगता है

कोई अटका हुआ है पल शायद
वक़्त में पड़ गया है बल शायद

दिल अगर है तो दर्द भी होगा
उसका कोई नहीं है हल शायद

कश्ती काग़ज़ की बहते पानी में
कोई मिल जाये, पार चल शायद

सब्र के पत्ते सख़्त कड़वे हैं
सब्र का होगा मीठा फल शायद

राख को भी कुरेदकर देखो
अब भी जलता हो कोई पल शायद

रात को जाने क्या होता है हँसने लगती है
टीन की चादर पर जब बारिश बजने लगती है

आँखों से जब मैले-मैले आँसू बहते हैं
मेरे कच्चे घर की मिट्टी, गलने लगती है

सारा दिन मैं इस दिल को दफ़नाता रहता हूँ
रात को उठकर ये परछाईं, चलने लगती है

सावन में तो सारा घर ही सिसकियाँ लेता है
दीवारों से ऐसे सीलन रिसने लगती है

करवट लो तो सारे दर्द आवाज़ें करते हैं
बूढ़ी रात की हड्डी-हड्डी बजने लगती है

चैन आ जाये जब क़ब्रों में सोनेवालों को
क़ब्र की मिट्टी धीरे-धीरे दबने लगती है

नूर छलककर गिरता है तो ओक लगाता हूँ
रात, घड़ोंची पर जब चाँद को रखने लगती है

ये कटी-फटी हुई पत्तियाँ, और दाग़ हलका हरा-हरा
है रखा हुआ ये किताब में, मुझे याद है वो ज़रा-ज़रा

कोई चल रहा था अँधेरे में, और हाथ में रौशनी भी थी
वो भी आधी रात सड़क पे यूँ, एक प्याला ले के भरा-भरा

बड़ा दोग़ला है ये शख़्स भी, कोई ऐतबार करे तो क्या
न तो झूठ बोले कवि कभी, न कहे कभी वो खरा-खरा

न रुका हूँ मैं, न चला हूँ मैं, और फिर भी पैर में गर्दिशें
मैं खड़ा हुआ हूँ गुलोब पर, किसी ज़लज़ले से डरा-डरा

मुझे शौक़ था कि मिलूँ तुझे, मुझे ख़ौफ़ भी था कहूँगा क्या?
तेरे सामने से निकल गया, बड़ा सहमा-सहमा डरा-डरा

सहमा-सहमा डरा-सा रहता है
जाने क्यों जी भरा-सा रहता है

काई-सी जम गयी है आँखों पर
सारा मंज़र हरा-सा रहता है

एक पल देख लूँ तो उठता हूँ
जल गया सब, ज़रा-सा रहता है

सर में जुंबिश ख़याल की भी नहीं
ज़ानुओं पर धरा-सा रहता है

इश्क़ में कुछ नहीं होता
आदमी बावरा-सा रहता है

दिन आँखें बन्द कर लेता था, शामें मुजरा करती थीं
रात का हाथ पकड़कर जब तुम, सीढ़ियाँ उतरा करती थीं

वो भी इक तहज़ीब थी जब दोपहर में सूने कोठों पर
पान लगाती थी अम्मी और छालियाँ कुतरा करती थीं

अँधेरे में भीनी-भीनी, बारिश बरस रही है यूँ
दीवार की आड़ में जैसे तुम, कूचे से गुज़रा करती थीं

आसमान में बल पड़ जाते थे ये हमने देखा है
आँधियाँ उठकर जब भी उसको, पेट से दोहरा करती थीं

हवा गुज़र गयी, पत्ते थे कुछ, हिले भी नहीं
वो मेरे शहर में आये भी और मिले भी नहीं

ये कैसा रिश्ता हुआ इश्क़ में वफ़ा का भला
तमाम उम्र में दो-चार छः गिले भी नहीं

इस उम्र में भी कोई अच्छा लगता है लेकिन
दुआ-सलाम के मासूम सिलसिले भी नहीं

थोड़ी-सी कुछ छोटी रह गयी, जब ये रात सिलाई थी
तुम तो ओढ़ के, सो भी गये और मुझको नींद न आई थी

इस मेहदूद-सी ज़िन्दगी में अब, गिद्रहें बाँधना, खोलना क्या
मैंने वक़्त से आगे तक, तुम से उम्मीद लगाई थी

इतने छोटे आसमान में, कैसे करवट लेते हम
क्या-क्या सोच के हम ने पूरी कायेनात बिछाई थी

घूँघट ही में मिली ज़िन्दगी, एक नज़र ही देखा था
मुँह मोड़ा और चली गयी वो जैसे कोई पराई थी

उधड़ी-सी किसी फ़िल्म का इक 'सीन' थी बारिश
इस बार मिली मुझसे तो ग़मगीन थी बारिश

कुछ लोगों ने रंग लूट लिए शहर में इस के
जंगल से जो निकली थी वो रंगीन थी बारिश

रोई है किसी छत पे, अकेले ही में घुटकर
उतरी जो लबों पर तो वो नमकीन थी बारिश

ख़ामोशी थी और खिड़की पे इक रात रखी थी
बस एक सिसकती हुई तस्कीन थी बारिश

जब मेरी जान हिचकियों में थी
कौन थी वो, जो खिड़कियों में थी

आगे-पीछे, सभी तो फूट गयीं
ज़िन्दगी कच्ची मटकियों में थी

हम नटों की तरह ही चलते रहे
जान तो सबकी रस्सियों में थी

हाँ, बहल तो गये, ख़ुशी से मगर
छेड़ तो ग़म की मस्तियों में थी

ज़िन्दगी-मौत, दोनों बिकते थे
एक दूकान बस्तियों में थी

जान पानी में बह गयी कैसे
मैंने रक्खी तो कश्तियों में थी

एक जोगन थी राजसी घर की
वो भी मजबूर लड़कियों में थी

दिन से आँचल छुड़ा के डूब गयी
शाम आँखें सुजा के डूब गयी

एक आवाज़ अज़ल से आयी थी
वो भी मुझको बुला के डूब गयी

एक तसवीर उभरी पानी में
और कुछ डबडबा के डूब गयी

जब मैं पहुँचा तो सुर्ख़ थीं आँखें
शाम पलकें झुका के डूब गयी

अपने आप जल गयी
कल की रात टल गयी

इक धुआँ उठा था फिर
राख में बदल गयी

बूँद - बूँद टपकी शब
सड़कों पर पिघल गयी

कल जो रात टल गयी
कितना कुछ बदल गयी

पेड़ के नीचे कौन था, कल की बारिश में
भीग रहा था, हलकी-हलकी बारिश में

आधी रात खड़ा था कोई, खिड़की पर
दो आँखें थीं, छलकी-छलकी, बारिश में

कितना कुछ हो जाता है दो लोगों में
टूट के बरसी, पल दो पल की बारिश में

कहाँ-कहाँ, क्या-क्या, लिख जाते हैं बादल
इक तहरीर दिखी काजल की, बारिश में

बारिश में इंसानों को फल लगते हैं
कल इक बात सुनी पागल की, बारिश में

गरज-गरजकर, खरज में कोई गाता था
मेघ-राग सुना, जंगल की बारिश में

पेड़ों को भी कल तो चलते देखा था
पाचँचे हाथ लिए जल-थल की बारिश में

तेरे ख़याल में रहना उदास, अच्छा लगता है
क़रीब रहना तेरा आस-पास, अच्छा लगता है

बरसना रात-भर शबनम का, बन्द आँखों में
लबों पर रहती है हलकी-सी प्यास, अच्छा लगता है

ये दर्द, दर्द नहीं, एक कैफ़ियत-सी है
ये आँखें सूजी रहें बारह मास, अच्छा लगता है

जो मेरे चेहरे से पहचानता है ग़म मेरे
वो एक दोस्त है चेहराशनास, अच्छा लगता है

हवा चली तो लगा, आसमान लहराया
ये नीले रंग का तेरा लिबास, अच्छा लगता है

आग में लिपटा हुआ है, आरज़ू का एक चेहरा, अल्लाह हू
रात का काला समन्दर, रौशनी का इक जज़ीरा, अल्लाह हू

बार-बार उस आँख में सावन उमड़ते देखा, पर बरसा नहीं
झील की तह में उबलता, मोतियों का इक ज़ख़ीरा, अल्लाह हू

उसके लब और उसका लहजा, और हमारे रू-ब-रू बैठा हुआ
रात-भर बहता रहा, महकी हुई बातों का शीरा, अल्लाह हू

इक उदासी और दिल की हलकी-हलकी रौशनी, छनती हुई
चश्मे-नम ने पलकों पे पहना हुआ था, एक हीरा, अल्लाह हू

चाँदनी में उसके रुख़सारों पे देखे थे भँवर बहते हुए
हम ने दरया पर उठा के रख दिया है अपना डेरा, अल्लाह हू

आँखों में सावन छलका हुआ है
आँसू है कोई, अटका हुआ है

सीने में टूटी है चीज़ कोई
ख़ामोश-सा एक खटका हुआ है

आँखों की हिचकी, रुकती नहीं है
रोने से कब दिल हलका हुआ है

चारों तरफ़ तू है, बस तू ही तू
मुझसे .ज्यादा, भटका हुआ है

रौशनी है तो सही, कम-कम है
आँख शायद मेरी, फिर से नम है

चाँद बैठा है सिरहाने शब के
रात की नब्ज़ बहुत मद्धम है

हौसला एक हरे पत्ते का
ऐसे लहराया कोई परचम है

यूँ नहीं बनते सुरीले रिश्ते
सात सुर लगते हैं, इक पंचम है

देखा मुझे तो शाम का चेहरा उतर गया
लेटा हुआ था क़ब्र में और दिन गुज़र गया

इक शख़्स मेरे सामने दो-ज़ानू ज़ानू बैठा था
सूरज ग़ुरूब होते ही जाने किधर गया

आवाज़ गूँजती हुई पाजेब की गयी
दरया पे तैरता हुआ कोई भँवर गया

बचपन बहुत हसीन था मेरा पर एक दिन
हाथों से मेरे कंचों का डिब्बा बिखर गया

है बोझ इक सलीब का, कहने को नज़्म है
ये कैसा बोझ वो मेरे कन्धों पे धर गया

जो शख़्स हर गुनाह में शामिल था मेरे साथ
हर रोज़ उठके पूछता हूँ वो किधर गया

लाखों हवाले थे मेरी पहचान के मगर
आईना मुझको देखकर, बिल्कुल मुकर गया

आँखों में जल रहा है पे बुझता नहीं धुआँ
उठता तो है घटा-सा, बरसता नहीं धुआँ

पलकों के ढाँपने से भी, रुकता नहीं धुआँ
कितनी उँडेलीं आँखें पे बुझता नहीं धुआँ

आँखों से आँसुओं के मरासिम पुराने हैं
मेहमाँ ये घर में आयें तो चुभता नहीं धुआँ

चूल्हे नहीं जलाये कि बस्ती ही जल गयी
कुछ रोज़ हो गये हैं अब उठता नहीं धुआँ

काली लकीरें खींच रहा है फ़िज़ाओं में
बौरा गया है, मुँह से क्यों खुलता नहीं धुआँ

आँखों के पोंछने से लगा आग का पता
यूँ चेहरा फेर लेने से छुपता नहीं धुआँ

चिंगारी इक अटक-सी गयी मेरे सीने में
थोड़ा-सा आके फूँक दो, उड़ता नहीं धुआँ

फ़लक से गर जवाब आया
तो समझो इन्क़लाब आया

चलो सब धूप लूटेंगे
सुना है आफ़ताब आया

वो बारिश की तरह बरसा
वो अब के बे-हिसाब आया

फ़क़ीरी कर तो, हम मानें
बड़ा आया, नवाब आया

मुक़द्दस तो नहीं फिर भी
कोई लेकर किताब आया

गहरे कुएँ पे चाँद झुका था, गिरा न हो
आवाज़ तो हुई थी कहीं, डूबता न हो

जो पाँव के निशाँ थे हवा ने उड़ा दिये
मुड़ के चलूँ कहीं पे कोई पूछता न हो

कुछ लोग चाँद का चिराग़ ले के चले थे
डरता हूँ आधी रात कोई डूबता न हो

हम एक ही समझ के चले थे तलाश में
अब क्या पता ख़ुदा भी कोई दूसरा न हो

क्या जानिएगा लम्हे की गहराई कितनी है
तन्हाई पे अगर कभी पाँव पड़ा न हो

टूटा है कोई वक़्त से, उसकी सदा न हो
गहरा कुआँ है देखना लम्हा गिरा न हो

पोटा-पोटा रोज़ उम्मीद बढ़ती है
बेल जिस तरह मुँडेर पर चढ़ती है

रोज़ एक दिन बजा के तोड़ना
मूँगफली है, ख़ाली भी निकलती है

दौड़-दौड़कर क़दम मिलाता हूँ
ज़िन्दगी ये कितनी तेज़ चलती है

काँपती है आस-पास की ज़मीं
आठ-दस की रेल जब निकलती है

धज्जी-धज्जी, खिड़कियों, दरीचों पर
धूप जालों की तरह लटकती है

जाने किस तरफ़ से निकले आफ़ताब
रात कितनी करवटें बदलती है

नटनी की तरह खड़ी है ज़िन्दगी
डगमगाती है कभी सँभलती है

आसमाँ थोड़ा-सा जो पास होता
रात-भर जी न यूँ उदास होता

अच्छी लगती तुम्हें भी तन्हाई
और कोई जो आस-पास होता

लॉन पर बैठते सितारों में
आसमाँ पर जो सब्ज़ घास होता

सदियाँ कटतीं तुम्हारी आँखों में
प्यास का नाम फिर भी प्यास होता

बिजलियाँ रखते आस्तीनों में
बादलों का अगर लिबास होता

पलकों से आँखें अल्फ़ाज़ फिरोलती हैं
क़तरा-क़तरा सारी बातें बोलती हैं

चेहरे पर ख़ामोश तराज़ू रक्खा है
खोया-पाया आँखें सब कुछ तोलती हैं

आँखों के बजरों में कोई रहता है
बजरों में बहती तसवीरें डोलती हैं

आप अगर इन दिनों यहाँ होते
हम ज़मीं पर भला कहाँ होते

वक्त गुज़रा नहीं अभी वरना
रेत पर पाँव के निशाँ होते

तेरे साहिल पे लौटकर आतीं
गर उम्मीदों के बादबाँ होते

मेरे आगे नहीं था गर कोई
मेरे पीछे तो कारवाँ होते

हम भी रहते बगूलों में जाकर
गर हवाओं के भी मकाँ होते

ऐसा ख़ामोश तो मंजर न फ़ना का होता
मेरी तसवीर भी गिरती तो छनाका होता

यूँ भी इक बार तो होता कि समन्दर बजता
कोई ऐहसास तो दरया की अना का होता

साँस मौसम की भी कुछ देर को चलने लगती
कोई झोंका तेरी पलकों की हवा का होता

काँच के पार तेरे हाथ नज़र आते हैं
काश, ख़ुशबू की तरह रंग हिना का होता

क्यों मेरी शक्ल पहन लेता है छुपने के लिए
एक चेहरा, कोई अपना भी ख़ुदा का होता

बे-सबब मुस्करा रहा है चाँद
कोई साज़िश छुपा रहा है चाँद

जाने किसकी गली से निकला है
झेंपा-झेंपा सा आ रहा है चाँद

कितना ग़ाज़ा लगाया है मुँह पर
धूल ही धूल उड़ा रहा है चाँद

कैसे बैठा है छुप के पत्तों में
बाग़बाँ को सता रहा है चाँद

सीधा-सादा उफ़क़ से निकला था
सर पे अब चढ़ता जा रहा है चाँद

छू के देखा तो गर्म था माथा
धूप में खेलता रहा है चाँद

सारा गाँव जगा के रक्खा है
शाम से गुनगुना रहा है चाँद

बीते रिश्ते तलाश करती है
ख़ुशबू गुंचे तलाश करती है

जब गुज़रती है उस गली से सबा
ख़त के पुरज़े तलाश करती है

अपने माज़ी की जुस्तजू में बहार
पीले पत्ते तलाश करती है

एक उम्मीद बार बार आकर
अपने टुकड़े तलाश करती है

बूढ़ी पगडंडी शहर तक आकर
अपने बेटे तलाश करती है

दहशतनाक वो अँधेरे का मंज़र था
रात का दायाँ हाथ भी जेब के अन्दर था

किस रफ़्तार से आया दिन, और भाग गया
जैसे किसी की कार से छटका पत्थर था

शहर के अन्दर लोग लगे थे गमलों में
शहर के बाहर सारा इलाक़ा बंजर था

चाँद-सितारे, कोमेट, सब कुछ रखा था
'शो-विंडो' के शीशों में इक अम्बर था

कहते हैं कि ऊपर एक अदालत थी
आसमान के पीछे जज का चैम्बर था

नाम, पता, और जात-पात सब दर्ज हुए
मौत के दरवाज़े पर आख़री दफ़्तर था

दर्द हलका है साँस भारी है
जिये जाने की रस्म जारी है

आपके बाद हर घड़ी हमने
आपके साथ ही गुज़ारी है

रात को चाँदनी तो ओढ़ा दो
दिन की चादर अभी उतारी है

शाख़ पर कोई क़हक़हा तो खिले
कैसी चुप-सी चमन पे तारी है

कल का हर वाक़या तुम्हारा था
आज की दास्ताँ हमारी है

धूप उतरती है अब, तो भी आहट होती है
और चिराग़ जलाने से घबराहट होती है

भीगे कपड़ों में भी कोई कब तक खड़ा रहे
जाने क्यों हर याद से अब उकताहट होती है

नीम पे पककर, नीमोली भी, मीठी लगती है
थोड़ी देर तो हर ग़म में कड़वाहट होती है

धुआँ उठा है, कोई चीज़ जल रही होगी
हयात आग पे पहलू बदल रही होगी

ये जिस्म मोम का जब क़तरा-क़तरा पिघलेगा
असीर रौशनी बाहर निकल रही होगी

सफ़ेद चादरों पे बन रहे थे गुल-बूटे
वो अपनी ऐड़ियों से क्या मसल रही होगी

हज़ार झूठ कहे आईना, मगर सच है
वो बात आज नहीं है, जो कल रही होगी

अजल ने जल्दी से आकर उठा लिया हमको
हयात पाँव तले कुछ कुचल रही होगी

तुम्हारी आँखों के आकाश पी लिए मैंने
मेरे बदन में कोई प्यास पल रही होगी

दिखाई देते हैं, धुन्ध में अब भी साये कोई
मगर बुलाने से वक़्त लौटे न आये कोई

मेरे मुहल्ले का आसमाँ सूना हो गया है
पतंग उड़ाये, फ़लक में पेचे लड़ाये कोई

वो ज़र्द पत्ते जो पेड़ से टूटकर गिरे थे
कहाँ गये बहते पानियों में बुलाये कोई

ज़ईफ़ बरगद के हाथ में रअशा* आ गया है
जटाएँ आँखों पे गिर रही हैं, उठाये कोई

* कम्पन, कँपकँपी।

बहती भी नहीं आँखें, कहती भी नहीं आँखें
इन गूँगी ज़बानों में अब कोई नहीं रहता

इक आँधी-सी चलती है, बौराई-सी आँखों में
इन ख़ाली मकानों में, अब कोई नहीं रहता

दिन-रात ही लगते हैं, इस शहर में कुछ हाँके
जंगल की मचानों में, अब कोई नहीं रहता

कुछ लोग नये आकर, ठहरे हैं सराय में
उन पिछले घरानों में, अब कोई नहीं रहता

जब आप थे आँखें भी, लब्रेज़ ही रहती थीं
इन ख़ुश्क ठिकानों में, अब कोई नहीं रहता

इस चुँधियाई धूप के शोर-ओ-गुल में कैसे सूरत कोई दिखाई देगी
शाम को जब ये सूरज कुछ मद्धम होगा तो आपकी बात सुनाई देगी

वक्त तो बहते-बहते हम दोनों से आगे, दूर कहीं जा निकला है, पर
वो जो पीछे छूट गया था इक लम्हा, कब उसको आँख रिहाई देगी

किस झोंके ने रात दिये के सर की कलग़ी तोड़ने की गुस्ताख़ी की है
दुष्ट हवा, गुमराह बगूलों में भटकेगी और न राह दिखाई देगी

चाँद फ़लक की आँख है, फूट न जाये उस पर इतने रॉकेट मत बरसाओ
शायर की बीनाई में फ़र्क़ आ जायेगा, अन्धी रात दुहाई देगी

रात की काली तख़्ती पर मैं चाँद के खरिये से सब कुछ लिखता रहता हूँ
हिज्र की रात कटेगी जब और मैं न हुआ तो, सुबह मेरी सफ़ाई देगी

गर्म लाशें गिरीं फ़सीलों से
आसमाँ भर गया है चीलों से

सूली चढ़ने लगी है ख़ामोशी
लोग आये हैं सुन के मीलों से

कान में ऐसे उतरी सर्गोशी
बर्फ़ फिसली हो जैसे टीलों से

गूँजकर ऐसे लौटती है सदा
कोई पूछे हज़ारों मीलों से

प्यास भरती रही मेरे अन्दर
आँख हटती नहीं थी झीलों से

लोग कन्धे बदल-बदल के चले
घाट पहुँचे बड़े वसीलों से

गया तो सारा फ़लक साथ ले के डूब गया
कमाल आया था सूरज, गया तो ख़ूब गया

सवार हो तो गये रात चाँद कश्ती में
हम आधी रात में थे और चाँद डूब गया

पलक तलक नहीं झपकी, तमाम रात मगर
चिराग़ बैठा हुआ आसताँ पे ऊब गया

न हाथ डालो समन्दर से कुछ न निकलेगा
जो आफ़ताब उफ़क़ में हुआ ग़ुरूब गया

गिन-गिन के हर साँस गुज़ारी
रेशम जैसी रात उतारी

बुकल मार के बैठा हुआ है
चाँद के अन्दर एक भिखारी

कल से एक कला कुछ कम है
चाँद चुकाये रोज़ उधारी

चीर गयी है आसमान को
एक चमकती तेज़ कटारी

अच्छा शे'र सुना 'ग़ालिब' का
चौड़ा दरया, लम्बी तारी

गुलों को सुनना ज़रा तुम, सदाएँ भेजी हैं
गुलों के हाथ बहुत-सी, दुआएँ भेजी हैं

अगर जलाये, तुम्हें भी शिफ़ा मिले शायद
इक ऐसे दर्द की तुमको शुआएँ भेजी हैं

तुम्हारी ख़ुश्क-सी आँखें, भली नहीं लगतीं
वो सारी चीज़ें जो तुमको रुलाएँ भेजी हैं

सिय रंग, चमकती हुई किनारी है
पहन लो अच्छी लगेंगी, घटाएँ भेजी हैं

तुम्हारे ख़्वाब से हर शब लिपट के सोते हैं
सज़ाएँ भेज दो, हमने ख़ताएँ भेजी हैं

अकेला पत्ता हवा में बहुत बुलन्द उड़ा
ज़मीं से पाँव उठाओ, हवाएँ भेजी हैं

हाथ छूटें भी तो रिश्ते नहीं छोड़ा करते
वक़्त की शाख़ से लम्हे नहीं तोड़ा करते

जिसकी आवाज़ में सिलवट हो, निगाहों में शिकन
ऐसी तसवीर के टुकड़े नहीं जोड़ा करते

लग के साहिल से जो बहता है उसे बहने दो
ऐसे ठहरे हुए दरया नहीं मोड़ा करते

जागने पर भी नहीं आँख से गिरतीं किरचें
इस तरह ख़्वाबों से आँखें नहीं फोड़ा करते

शहद जीने का मिला करता है थोड़ा-थोड़ा
जानेवालों के लिए दिल नहीं थोड़ा करते

जाके कुहसार से सर मारो कि आवाज़ तो हो
ख़स्ता दीवारों से माथा नहीं फोड़ा करते

है लो ज़िन्दगी, ज़िन्दगी नूर है
मगर उस पे जलने का दस्तूर है

कोई ग़म ठहरता नहीं देर तक
फ़क़त गर्म कपड़ों का काफ़ूर है

कभी सामने आता, मिलते उसे
बड़ा नाम है उसका, मशहूर है

भँवर पास है, चल पहन लें इसे
किनारे का फन्दा बहुत दूर है

सुना है वही करने वाला है सब
सुना है कि इन्सान मजबूर है

हर एक शाम जो आयी, बहुत उदास आयी
वो दिन की गर्द से घबरा के बेहवास आयी

झुलस गयीं कभी नींदें, पिघल गयीं आँखें
तेरे ख़याल की आबो-हवा न रास आयी

थे सरसरी से मरासिम ही रात से अपने
न आँख बन्द हुई, और न नींद पास आयी

ये मंज़र आबशारों ने कभी देखा नहीं होगा
छलक के इस तरह आँखों में उसकी प्यास आयी

सहम के और भी कुछ मैं सिमट गया ख़ुद में
उम्मीद ऐसी दबे पाँव मेरे पास आयी

हाथों ने दामन छोड़ा नहीं, आँखों की सगाई टूटी नहीं
हम छोड़ तो आये अपने वतन, सरहद की कलाई छूटी नहीं

जब नाम हमारा लेते हो, क्यों आँखें छलकने लगती हैं
तुम झूठे हो लब से कुछ भी कहो, आँखों की ज़ुबाँ तो झूठी नहीं

यारों के रूठते ही सारी रातों का सब्ज़ा सूख गया
इक चाँद का पत्ता उड़ता है, आकाश पे कोई बूटी नहीं

चेहरे तो डूब गये सारे, आवाज़ें अब भी गूँजती हैं
ये ख़ैर हुई कि हाथों से, मेहँदी की खुशबू छूटी नहीं

हम अपने गुज़श्ता माज़ी को, इस दिल के सिवा रखते भी कहाँ
बस वक्त ने इतना रहम किया, जो दिल की पूँजी लूटी नहीं

हवा के सींग न पकड़ो, खदेड़ देती है
ज़मीं से पेड़ों के टाँके, उधेड़ देती है

मैं चुप कराता हूँ हर शब उमड़ती बारिश को
मगर ये रोज़ गयी बात छेड़ देती है

ज़मीं-सा दूसरा कोई सख़ी कहाँ होगा
ज़रा-सा बीज उठा ले तो पेड़ देती है

हवास का जहान साथ ले गया
वो सारे बादबान साथ ले गया

बताएँ क्या, वो आफ़ताब था कोई
गया तो आसमान साथ ले गया

किताब बन्द की और उठ के चल दिया
तमाम दास्तान साथ ले गया

मैं सजदे से उठा तो कोई भी न था
वो पाँव के निशान साथ ले गया

वो बे-पनाह प्यार करता था मुझे
गया तो मेरी जान साथ ले गया

सिरे उधड़ गये हैं सुबह-ओ-शाम के
वो मेरे दो जहान साथ ले गया

जब भी आँखों में आँसू भर आये
लोग कुछ डूबते नज़र आये

मुद्दतें हो गयीं सहर देखे
कोई आहट, कोई ख़बर आये

चाँद जितने भी गुम हुए शब के
सब के इलज़ाम मेरे सर आये

एक गोली गयी थी सूए-फ़लक
इक परिन्दे के बालो-पर आये

अपना मेहवर बदल चुकी थी ज़मीं
हम ख़ला से जो लौटकर आये

जब भी ये दिल उदास होता है
जाने कौन आसपास होता है

आँखें पहचानती हैं आँखों को
दर्द चेहराशनास होता है

गो बरसतीं नहीं सदा आँखें
अब्र तो बारह मास होता है

छाल पेड़ों की सख़्त है लेकिन
नीचे नाख़ून के मास होता है

ज़ख़्म, कहते हैं दिल का गहना है
दर्द दिल का लिबास होता है

डस ही लेता है सबको इश्क़ कभी
साँप मौक़ाशनास होता है

सिर्फ़ उतना कर्म किया कीजे
आप को जितना रास होता है

जिस्म से जान, सख़्त है भाई
एक पल, एक वक़्त है भाई

आ के हम आसताँ पे बैठ गये
चल-चलाओ का वक़्त है भाई

उड़ती ख़ुशबू को हम से क्या लेना
अपनी मस्ती में मस्त है भाई

आदमी ख़ुद ही दौड़े जाता है
ख़ुद ही चाबुक-बदस्त है भाई

इक घनी छाँव पी रहा हूँ मैं
कितना ठंडा दरख़्त है भाई

कहीं तो गर्द उड़े या कहीं ग़ुबार दिखे
कहीं से आता हुआ कोई शहसवार दिखे

ख़फ़ा थी शाख़ से शायद, कि जब हवा गुज़री
ज़मीं पे गिरते हुए फूल बेशुमार दिखे

रवाँ हैं फिर भी रुके हैं वहीं पर सदियों से
बड़े उदास लगे जब भी आबशार दिखे

कभी तो चौंक के देखे कोई हमारी तरफ़
किसी की आँख में हमको भी इन्तिज़ार दिखे

कोई तिलिस्मी सिफ़त थी जो इस हुजूम में वो
हुए जो आँख से ओझल तो बार-बार दिखे

काँच के पीछे चाँद भी था और काँच के ऊपर काई भी
तीनों थे हम, वो भी थे, और मैं भी था, तन्हाई भी

यादों की बौछारों से जब, पलकें भीगने लगती हैं
सोंधी-सोंधी लगती है तब, माज़ी की रुसवाई भी

दो-दो शक्लें दिखती हैं इस बहके-से आईने में
मेरे साथ चला आया है, आपका इक सौदाई भी

कितनी जल्दी मैली करता है पोशाकें, रोज़ फ़लक
सुबह ही रात उतारी थी और शाम को शब पहनाई भी

ख़ामोशी का हासिल भी इक लम्बी-सी ख़ामोशी थी
उनकी बात सुनी भी हमने, अपनी बात सुनाई भी

कल साहिल पे लेटे-लेटे कितनी सारी बातें कीं
आपका हंकारा न आया, चाँद ने बात कराई भी

क़तरा-क़तरा मेरी दास्ताँ खुल गयी
बे-अदब आँसुओं की ज़ुबाँ खुल गयी

कितनी दुनियाएँ पल में फ़ना हो गयीं
नींद की बन्द मुट्ठी जहाँ खुल गयी

जितने आमाल थे सामने आ गये
जाते-जाते ये गठरी कहाँ खुल गयी

ऐसी चुपचाप आयी पता न चला
पत्ता-पत्ता उड़ा तो ख़िज़ाँ खुल गयी

एक लौ ने पकड़ रक्खा था रात को
वो भी आख़िर में बन के धुआँ खुल गयी

खुली किताब के सफ़हे उलटते रहते हैं
हवा चले न चले, दिन पलटते रहते हैं

बस एक वहिश्ते-मंज़िल है और कुछ भी नहीं
कि चंद सीढ़ियाँ चढ़ते-उतरते रहते हैं

मुझे तो रोज़ कसौटी पे दर्द कसता है
कि जां से जिस्म के बख़िये उधड़ते रहते हैं

कभी रुका नहीं कोई मुक़ाम सहरा में
कि टीले पाँव तले से सरकते रहते हैं

ये रोटियाँ हैं, ये सिक्के हैं और दायरे हैं
ये एक-दूजे को दिन-भर पकड़ते रहते हैं

भरे हैं रात के रेज़े कुछ ऐसे आँखों में
उजाला हो तो हम आँखें झपकते रहते हैं

ख़ुशबू जैसे लोग मिले अफ़साने में
एक पुराना ख़त खोला अनजाने में

जाने किसका ज़िक्र है इस अफ़साने में
दर्द मज़े लेता है जो दोहराने में

शाम के साये बालिश्तों से नापे हैं
चाँद ने कितनी देर लगा दी आने में

रात गुज़रते शायद थोड़ा वक़्त लगे
धूप उँडेलो थोड़ी-सी पैमाने में

दिल पर दस्तक देने कौन आ निकला है
किसकी आहट सुनता हूँ वीराने में

हम इस मोड़ से उठकर अगले मोड़ चले
उनको शायद उम्र लगेगी आने में

ख़्वाहिशों की राख उड़ा रहा हूँ मैं
ज़िन्दगी के कश लगा रहा हूँ मैं

आँख लग न जाये दर्द की कहीं
सो रहा है वो जगा रहा हूँ मैं

क्या पता ये उसका नाम ही न हो
क्यों ख़ुदा-ख़ुदा बुला रहा हूँ मैं

ज़िन्दगी अजीब दास्तान है
सुन रहा हूँ और सुना रहा हूँ मैं

किताबों से कभी गुज़रो, तो यूँ किरदार मिलते हैं
गये वक़्तों की ड्योढ़ी में, खड़े कुछ यार मिलते हैं

जिसे हम दिल का वीराना समझकर छोड़ आये थे
वहॉ उजड़े हुए शहरों के कुछ आसार मिलते हैं

नज़र में अब भी इक मिटती हुई तहरीर बाक़ी है
ख़तों में चंद मुर्झाए हुए इक़रार मिलते हैं

मुसाफ़िर मौसमों के घूम के फिर लौट आते हैं
जिन्हें हर बार छोड़ा है, वही हर बार मिलते हैं

शाम का चेहरा जब खुलता है
तुझसे क्यों मिलता-जुलता है

झील में चाँद का अक्स गिरा है
पानी में हीरा घुलता है

एक पुराना-सा मन्दिर है
शाम को एक दिया जलता है

कभी-कभी माचिस की तरह भी
जल उठने को जी करता है

चाँद उठाना भारी होगा
देखने में हलका-फुलका है

क्यों ग़रीबों से खेलती है रात
रोज़ इक चाँद बेलती है रात

हर तरफ़ धूल-धूल उड़ती है
आसमाँ जब लपेटती है रात

आपका ज़िक्र रहता है अक्सर
जब गुज़रती है पूछती है रात

शमाएँ सारी बुझा के जाती है
घर का मामूल जानती है रात

रंग उड़ने लगा है चेहरे से
कितनी कमज़ोर हो गयी है रात

ऐसी मद्धम-सी बोलती है रात
तेरी आवाज़ घोलती है रात

किस में रखी है सुबह की धड़कन
ग़ुंचा-ग़ुंचा टटोलती है रात

दफ़न है चाँद किस जगह इसका
बन्द क़ब्रें फिरोलती है रात

कोई ख़ामोश ज़ख़्म लगती है
ज़िन्दगी एक नज़्म लगती है

अपने साये पे पाँव रखता हूँ
छाँव, छालों को नर्म लगती है

चाँद की नब्ज़ देखना उठकर
रात की साँस गर्म लगती है

बज़्मे-याराँ में रहता हूँ तन्हा
और तन्हाई बज़्म लगती है

जीते रहने का हुक्म है लेकिन
मरते रहने की रस्म लगती है

ख़ून निकले तो ज़ख़्म लगती है
वरना हर चोट नज़्म लगती है

कोह पर आसमान खुलता है
जैसे कपड़े का थान खुलता है

बह चली है ज़मीन की कश्ती
सुबह का बादबान खुलता है

खट्खटाता हूँ एक इक दर को
देखिए कब मकान खुलता है

लोग आईनों जैसे लगते हैं
राज़ जब मेरी जान खुलता है

अश्क पलकों पे चढ़ के बोलता है
जब कभी बे-ज़ुबान खुलता है

कुछ परिन्दे शाम को घर लौटकर आये नहीं
बस ख़बर आयी है उनकी, बालो-पर आये नहीं

अब मेरी बातों में उनका ज़िक्र न आये अगर
ऐसे लगता है कई दिन से वो घर आये नहीं

कुछ हवादिस इस तरह गुज़रे मेरी दहलीज़ से
घर के अन्दर झाँककर देखा, मगर आये नहीं

अधखुली क़ब्रों में ख़ुद को ढूँढ़ने लगता हूँ मैं
फ़िक्र लग जाती है जब अपनी ख़बर आये नहीं

कुछ रोज़ से वो संजीदा है
हमसे कुछ-कुछ रंजीदा है

चल दिल की राह से होके चलें
दिलचस्प है और पेचीदा है

हमउम्र ख़ुदा होता कोई
जो है, वो उम्र-रसीदा है

बेदार नहीं है कोई अभी
जो जागता है, ख़्वाबीदा है

हम किससे अपनी बात करें
हर शख़्स तेरा गर्वीदा है

क्या बताएँ कि जाँ गयी कैसे
फिर से दोहराएँ वो घड़ी कैसे

वक़्त पे पाँव कब रखा हमने
ज़िन्दगी मुँह के बल गिरी कैसे

किसने रस्ते में चाँद रक्खा था
मुझ को ठोकर वहाँ लगी कैसे

आँख तो भर गयी थी पानी से
तेरी तस्वीर जल गयी कैसे

रुख़ हवा का बदल गया होगा
बात वरना बदल गयी कैसे

हम तो अब याद भी नहीं करते
आप को हिचकी लग गयी कैसे

क्या महर्रम था कि जलती रहीं आँखें मेरी
चाँद की आग पे चलती रहीं आँखें मेरी

यादें जब बूढ़ी हुईं, उनको सहारा देकर
पलकों को टेक के चलती रहीं आँखें मेरी

तेज़ आँधी की तरह चलती हवाओं के तले
कल तेरी उँगलियाँ मलती रहीं आँखें मेरी

और भी कोई उसे देख रहा था शायद
रात-भर चाँद को खलती रहीं आँखें मेरी

कोई साहिल था, समन्दर था न सहरा था
जाने किस राह पे चलती रहीं आँखें मेरी

मेरे हाथों-पैरों में, तन्हाइयाँ चलती रहती हैं
कोई नहीं है आँगन में, परछाइयाँ चलती रहती हैं

उनके सामने आते ही चेहरे का रंग उड़ जाता है
पात नहीं हिलता कोई, पुरवाइयाँ चलती रहती हैं

साटिन काली रात निकलती है जब, गीली सड़कों पर
पीछे-पीछे पंजों पर, रुसवाइयाँ चलती रहती हैं

ऊपर-ऊपर सारा समन्दर, ठहरा-ठहरा लगता है
नीचे दरया बहते हैं, गहराइयाँ चलती रहती हैं

ये कैसे गूँगे-बहरों की हर रोज़ अदालत लगती है
आवाज़ नहीं आती कोई, सुनवाइयाँ चलती रहती हैं

मुझे अँधेरे में बेशक बिठा दिया होता
मगर चिराग़ की सूरत जला दिया होता

न रौशनी कोई आती मेरे ताक़ुब में
जो अपने आप को मैंने बुझा दिया होता

ये दर्द जिस्म के यारब बहुत शदीद लगे
मुझे सलीब पर दो पल सुला दिया होता

ये शुकर है कि मेरे पास तेरा ग़म तो रहा
वगर न ज़िन्दगी ने तो रुला दिया होता

न सुकून था, न क़रार था, मुझे क्यों तेरा इन्तज़ार था
जो गिरी है आँख से गर्द थी, न वो ख़्वाब था न ग़ुबार था

मैं तो हाथ रख के चिराग़ पर, तेरी राह में दूर तक गया
मुझे क्या पता था कि रात को, तू ही चाँद रथ पे सवार था

मैं भी साथ-साथ था चाँद के, जो बरात निकली थी रात की
सुबह उजड़ा-उजड़ा था आसमाँ, कोई डोली थी न कहार था

तेरी आरज़ू में उड़ते तो थे, चंद ख़ुश्क पत्ते चिनार के
जो हवा के दोश से गिर पड़ा, उनमें एक ये ख़ाकसार था

बड़े सूफ़ियों से ख़याल थे, और बयाँ भी उसका कमाल था
मैंने कब कहा कि वली था वो, एक शख़्स था वादा-ख़्वार था

न जाने कहाँ छोड़ आये उसे, वो शख़्स जिसे हम जानते थे
आहट से नज़र आ जाता था, परछाईं से हम पहचानते थे

वो साथ ही था साँसों की तरह, न सोचा उसे न याद किया
धड़कन की तरह ही बजता था, और दिल की तरह ही मानते थे

कुछ दिन जो तेरी दोस्ती के ख़ैमे में काटे थे हमने
दिन में आकाश बिछौना था, और रात को सर पे तानते थे

ज़र्रा था मगर सूरज की तरह चमका था और फिर डूब गया
खोया था समन्दर में उसको, साहिल की रेत में छानते थे

नज़र उठाओ ज़रा तुम, तो क़ायनात चले
है इन्तिज़ार कि आँखों से कोई बात चले

तुम्हारी मरज़ी बिना वक़्त भी अपाहिज है
न दिन खिसकता है आगे, न आगे रात चले

न जाने उँगली छुड़ाकर निकल गया है किधर
बहुत कहा था ज़माने से साथ-साथ चले

किसी भिखारी का टूटा हुआ कटोरा है
गले में डाल के सड़कों पे रोज़ रात चले

पहली रंग व बू की थी
तुम्हारी जुस्तजू की थी

ज़ुबाँ ज़ख़्मी है काँटों से
गुलों से गुफ़्तगू की थी

खुदा करता भी क्या आकर
ज़रूरत तो लहू की थी

सज़ाए - उम्र पायी है
ज़रा-सी आरज़ू की थी

तुम्हारी नक़ल चलने की
हवा ने हू-ब-हू की थी

(1)

पत्ता-पत्ता उलट रही है हवा
नाम पेड़ों के रट रही है हवा

जाने क्या ज़िक्र है किताबों में
वरक़ा-वरक़ा पलट रही है हवा

सिर्फ़ घुरनी दिखाई देती है
जाने किस से लिपट रही है हवा

साँय, साँय, सुनाई देता है
जालियों से जो कट रही है हवा

इक बगूला उठा है सहरा में
कोई रस्सी-सी बट रही है हवा

कोहसारों पे कुहनियाँ रखकर
चोटियों से लिपट रही है हवा

ठोकरों से उड़ाती है क़ब्रें
आदमी से निपट रही है हवा

(2)

धीरे-धीरे से बढ़ रही है हवा
जैसे ग़ुस्से में चढ़ रही है हवा

कोई पैग़ाम रख गया होगा
सूखे पत्तों को पढ़ रही है हवा

किसने ठानी है घर बनाने की
रेत के टीले गढ़ रही है हवा

ले के बादल की गठरियाँ सर पर
फिर पहाड़ों पे चढ़ रही है हवा

पेड़ों के पत्तों में हलचल है, ख़बरदार-से हैं
शाम से तेज़ हवा चलने के आसार-से हैं

नाख़ुदा देख रहा है कि मैं गर्दाब में हूँ
और जो पुल पे खड़े लोग हैं, अख़बार-से हैं

चढ़ते सैलाब में साहिल ने तो मुँह ढाँप लिया
लोग पानी का कफ़न लेने को तैयार-से हैं

कल तवारीख़ में दफ़नाये गये थे जो लोग
उनके साये अभी दरवाज़ों पे बेदार-से हैं

वक़्त के तीर तो सीने पे सँभाले हमने
और जो नील हैं, तेरी गुफ़्तार-से हैं

रूह से छीले हुए जिस्म जहाँ बिकते हैं
हम को भी बेच दे, हम भी इसी बाज़ार-से हैं

फूल ने टहनी से उड़ने की कोशिश की
इक तितली का दिल रखने की कोशिश की

कल फिर चाँद का ख़ंजर घोंप के सीने में
रात ने मेरी जाँ लेने की कोशिश की

कोई न कोई रहबर रस्ता काट गया
जब भी अपनी राह चलने की कोशिश की

कितनी लम्बी ख़ामोशी से गुज़रा हूँ
उनसे कितना कुछ कहने की कोशिश की

एक ही ख़्वाब ने सारी रात जगाया है
मैंने हर करवट सोने की कोशिश की

एक सितारा जल्दी-जल्दी डूब गया
मैंने जब तारे गिनने की कोशिश की

एक धुएँ का मरग़ोला-सा निकला है
मिट्टी में जब दिल बोने की कोशिश की

फूलों की तरह लब खोल कभी
खुशबू की ज़ुबाँ में बोल कभी

अल्फ़ाज़ परखता रहता है
आवाज़ हमारी तोल कभी

अनमोल नहीं लेकिन फिर भी
पूछो तो मुफ़्त का मोल कभी

खिड़की में कटी हैं सब रातें
कुछ चौरस थीं, कुछ गोल कभी

ये दिल भी दोस्त ज़मीं की तरह
हो जाता है डाँवाडोल कभी

रात ने राजपाट त्यागा नहीं
आलसी आफ़ताब जागा नहीं

बन्द कर लो, किवाड़ आँगन के
अब तो आकाश में भी कागा नहीं

आँख की शर्म बाक़ी है, तन पर
ओढ़ने - ढाँपने को तागा नहीं

सामने ही से आया था सूरज
चाँद पिछवाड़े से तो भागा नहीं?

ख़ाली करघे में उम्र बुनता हूँ
अब गिरह के लिए भी धागा नहीं

रुके-रुके से क़दम रुक के बार-बार चले
क़रार ले के तेरे दर से बेक़रार चले

उठाये फिरते थे ऐहसान जिस्म का जाँ पर
चले जहाँ से तो ये पैरहन उतार चले

न जाने कौन-सी मिट्टी वतन की मिट्टी थी
नज़र में धूल, जिगर में लिए ग़ुबार चले

सहर न आयी कई बार नींद से जागे
थी रात, रात की ये ज़िन्दगी गुज़ार चले

मिली है शम्मा से ये रस्मे-आशिक़ी हमको
गुनाह हाथ पे लेकर गुनहगार चले

सारे हमशकक्ल से खड़े हैं यहाँ
आईने आईने, जड़े हैं यहाँ

झोंका आये तो कोई जुंबिश हो
सूखे पत्तों से सब पड़े हैं यहाँ

मेरी नादानियाँ भी मेरी नहीं
पूछ लो उनसे जो बड़े हैं यहाँ

शहर खोदा तो प्यास निकली है
टूटे-फूटे से कुछ घड़े हैं यहाँ

'पानीपत' में भी गर्द उड़ती है
कितने योद्धा थे, जो लड़े हैं यहाँ

सबर हर बार अख़्तियार किया
हमसे होता नहीं हज़ार किया

आदतन तुमने कर दिये वादे
आदतन हमने ऐतबार किया

हमने अक्सर तुम्हारी राहों में
रुककर अपना ही इन्तिज़ार किया

फिर न माँगेंगे ज़िन्दगी यारब
ये गुनाह हमने एक बार किया

शाम से आँख में नमी-सी है
आज फिर आपकी कमी-सी है

दफ़न कर दो हमें कि साँस आये
नब्ज़ कुछ देर से थमी-सी है

कौन पथरा गया है आँखों में
बर्फ़ पलकों पे क्यों जमी-सी है

वक़्त रहता नहीं कहीं टिककर
इसकी आदत भी आदमी-सी है

कोई रिश्ता नहीं रहा, फिर भी
एक तसलीम लाज़मी-सी है

सूजे-सूजे क्यों हैं नैनाँ
कोई तो होगा, कोई तो है नाँ

क़तरा-क़तरा रात कटी है
बोलते बोलते थक गये नैनाँ

करवट-करवट रो दी निंदिया
काँटों पर काटी है रैनाँ

जिसको मिल के चैन आता था
उनके संग गँवाये चैनाँ

किसको आँख की ओट में लेकर
बातें करते काटी रैनाँ?

सुनी बात उसने, कहा कुछ नहीं
चिराग़ों में जब तक रहा कुछ नहीं

वो लबरेज़ आँखें, छलकती रहीं
समन्दर से लेकिन, बहा कुछ नहीं

बड़ा सख़्त है धूप का छूटना
पसे-शाम तुमने सहा कुछ नहीं

मैं कुछ भी नहीं साथ लेकर गया
ख़ुदा के लिए...बाख़ुदा कुछ नहीं

वो कहते रहे कैसा सन्नाटा है?
मैं कहता रहा बारहा, कुछ नहीं

तुझको देखा है जो दरया ने इधर आते हुए
कुछ भँवर डूब गये पानी में चकराते हुए

हमने तो रात को दाँतों से पकड़कर रक्खा
छीना-झपटी में उफ़क़ खुलता गया जाते हुए

मैं ना हूँगा तो ख़िज़ाँ कैसे कटेगी तेरी
शोख़ पत्ते ने कहा शाख़ से मुर्झाते हुए

हसरतें अपनी बिलखतीं न यतीमों की तरह
हमको आवाज़ ही दे लेते ज़रा, जाते हुए

सी लिए होंठ, वो पाकीज़ा निगाहें, सुनकर
मैली हो जाती है आवाज़ भी, दोहराते हुए

तिनका-तिनका काँटे तोड़े, सारी रात कटाई की
क्यों इतनी लम्बी होती है, चाँदनी रात जुदाई की

नींद में कोई अपने आप से बातें करता रहता है
काल कुएँ में गूँजती है, आवाज़ किसी सौदाई की

सीने में दिल की आहट, जैसे कोई जासूस चले
हर साये का पीछा करना, आदत है हरजाई की

आँखों और कानों में कुछ सन्नाटे-से भर जाते हैं
क्या तुमने उड़ती देखी है, रेत कभी तन्हाई की

तारों की रौशन फ़सलें और चाँद की एक दराँती थी
साहू ने गिरवी रख ली थी मेरी रात कटाई की

पनघट से गुज़रे हो तो इतना कर जाओ
जितना भी जल पिया है बस उतना भर जाओ

सारी रात गुज़ारी आवारागर्दी में
पैरों से सड़कों के बल खोलो घर जाओ

गहरी रात कुएँ के पानी में मत झाँको
ऐसा न हो चाँद हिले तो तुम डर जाओ

अपनी चीज़ है, अपने पास रखो या दे दो
जीने से बेज़ार हो तो अच्छा, मर जाओ

वो ख़त के पुरज़े उड़ा रहा था
हवाओं का रुख़ दिखा रहा था

बताऊँ कैसे वो बहता दरया
जब आ रहा था तो जा रहा था

कुछ और भी हो गया नुमायाँ
मैं अपना लिखा मिटा रहा था

मुँडेर से झुक के चाँद कल भी
पड़ोसियों को जगा रहा था

उसी का ईमाँ बदल गया है
कभी जो मेरा ख़ुदा रहा था

वो एक दिन एक अजनबी को
मेरी कहानी सुना रहा था

वो उम्र कम कर रहा था मेरी
मैं साल अपने बढ़ा रहा था

वो आँखों से कुछ भी तो कहता नहीं है
समन्दर, समन्दर है, बहता नहीं है

ये दरया चले आते हैं बस्तियों में
किनारों पे अब कोई, रहता नहीं है

हमीं थे जो पढ़ते रहे तेरी आँखें
ये सन्नाटे हर कोई सहता नहीं है

बिछड़ने वालों की शिद्दत से याद आती है
जहाँ कहीं भी, जज़ीरे दिखाई देते हैं

तुम्हारी आँख में ठहरे हुए हैं दो आँसू
समन्दरों में, ज़ख़ीरे दिखाई देते हैं

फ़लक पे देखिए क्या सूरतें नुमायाँ हैं
जो रेज़ा हो गये, हीरे दिखाई देते हैं

ज़र्रे चेहरे से ज़र्द-ज़र्द उड़े
रंग उड़ा मेरा जैसे गर्द उड़े

यूँ लगा जैसे सब पतंगे थे
तेरे हँसने से कितने दर्द उड़े

तन्हा-तन्हा, बहुत ही तन्हा हूँ
कायनात और अकेला फ़र्द उड़े

लब हिले और कुछ कहा न गया
कुछ बुख़ारात सर्द-सर्द उड़े

क्या करें माँएँ पाल कर इनको
एक छर्रे से एक मर्द उड़े

ज़ेवर गिरे हैं, गर्द उड़ी, मिट्टी घुली कहीं
मुश्किल से बूढ़ी रात की थैली खुली कहीं

दिन भागकर निकल गया उस पार खेत के
हिलती रही नदी पे इक कच्ची पुली कहीं

सूरज के डूबते ही यूँ निकला है माहताब
दरवाज़ा बन्द होते ही खिड़की खुली कहीं

आवाज़ बँट रही थी उनकी दोस्तों में जब
लब मेरे मीठे हो गये मिसरी घुली कहीं

क्या तुमने झुक के एड़ियाँ धोई थीं पानी में
या साहिलों पे शाम की मेहँदी धुली कहीं

ज़िक्र जहलम का है, बात है, दीने की
चाँद पुखराज का, रात पश्मीने की

कैसे ओढ़ेगी उधड़ी हुई चाँदनी
रात कोशिश में है चाँद को सीने की

कोई ऐसा गिरा है नज़र से कि बस
हम ने सूरत न देखी फिर आईने की

दर्द में जावदानी का एहसास था
हमने लाड़ों से पाली ख़लिश सीने की

मौत आती है हर रोज़ ही रू-ब-रू
ज़िन्दगी ने क़सम दी है कल जीने की

ज़िक्र आये तो मेरे लब से दुआएँ निकलीं
शमा जलती है तो लाज़िम है शुआएँ निकलीं

वक़्त की ज़र्ब से कट जाते हैं सब के सीने
चाँद का छिलका उतर जाये तो क़ाशें निकलीं

दफ़्न हो जायें कि ज़रख़ेज़ ज़मीं लगती है
कल इसी मिट्टी से शायद मेरी शाख़ें निकलीं

चंद उम्मीदें निचोड़ी थीं तो आहें टपकीं
दिल को पिघलायें तो हो सकता है साँसें निकलीं

ग़ार के मुँह पे रखा रहने दो संगे-ख़ुर्शीद
ग़ार में हाथ न डालो कहीं रातें निकलीं

ज़िक्र होता है जहाँ भी मेरे अफ़साने का
एक दरवाज़ा-सा खुलता है कुतुबख़ाने का

एक सन्नाटा दबे पाँव गया हो जैसे
दिल से इक ख़ौफ़-सा गुज़रा है बिछड़ जाने का

बुलबुला फिर से चला पानी में ग़ोते खाने
न समझने का इसे वक़्त न समझाने का

मैंने अल्फ़ाज़ तो बीजों की तरह छाँट दिये
ऐसा मीठा तेरा अन्दाज़ था फ़रमाने का

किसको रोके कोई रस्ते में कहाँ बात करे
न तो आते की ख़बर है, न पता जाने का

ज़िन्दगी यूँ हुई बसर तन्हा
क़ाफ़िला साथ और सफ़र तन्हा

रात-भर तारे बातें करते हैं
रात काटे कोई किधर तन्हा

अपने साये से चौंक जाते हैं
उम्र गुज़री है इस क़दर तन्हा

डूबने वाले पार जा उतरे
नक़्शे-पा अपने छोड़कर तन्हा

दिन गुज़रता नहीं है लोगों में
रात होती नहीं बसर तन्हा

एक तारा, रात का पिछला पहर, डूबा नहीं
हलके-हलके डबडबाया रात-भर, डूबा नहीं

एक टुकड़ा चाँद के तख़्ते पे आँखें मूँदकर
रात-भर तैरा मैं पानी में, मगर डूबा नहीं

डूबता ही देखकर दौड़े थे साहिल की तरफ़
रुक गये साहिल पे, मुझको देखकर, डूबा नहीं

दोस्तो कुछ देर ठहरो और साहिल पे ज़रा
एक मौक़ा और देना, मैं अगर डूबा नहीं

डूबने को ज़िन्दगी काफ़ी है कश्ती में मगर
एक तिनका और रख देना, अगर डूबा नहीं

नुक्ताचीनी करता है ये दिल, मुझे सुकूँ नहीं
मैं अगर कहूँ कि यूँ, तो कहता है कि यूँ नहीं

बार-बार कहता हूँ कि दफ़न मत करो मुझे
लाश भी किसी की है, ये ख़ूँ भी मेरा ख़ूँ नहीं

अब वो आँधियाँ कहाँ, जो सर में चलती रहती थीं
बिजलियाँ पकड़ने की हौंस तो है जुनूँ नहीं

मुझसे कोई सौदा तो करे कभी ख़ुदाई का
एक ज़र्रा अपनी कायनात का मैं दूँ नहीं

शहरे-'पाक' में अगरचे घर बनाना मना है
क़ब्र इक बसाना चाहूँ मैं वहाँ तो क्यूँ नहीं

राख में सो गयी, हिलाओ ज़रा
आग रौशन हो, गुदगुदाओ ज़रा

आफ़ताब एक उठा के लायें चलो
मैं भी चलता हूँ, तुम भी आओ ज़रा

रौशनी का कोई वसीला बने
घुप अँधेरा है, मुस्कुराओ ज़रा

नाम अपना बताऊँगा, पहले
अपना मज़हब मुझे बताओ ज़रा

एक ओंकारा, ला इलाह इलल्लाह
सूफ़ियों संग गुनगुनाओ ज़रा

ऊपर-ऊपर तैरते रहते हो पानी पर
डूब के देखो, नीचे कोई साहिल होगा

यहीं पे ख़ाली कर के जाता, जब तुम जाओ
भरी गगरिया लेकर चलना मुश्किल होगा

मेरे हाथ रँगे हैं लाल शफ़क़ से लेकिन
दिन के ख़ून में और भी कोई शामिल होगा

उनसे लड़ने में कुछ लिहाज़ भी था
और लहजे में भी अदब कुछ था

सुबह के चेहरे पर ख़राशें थीं
दाग़ कहते हैं कल की शब कुछ था

ये ख़ामोशी मोहंजोदारो की
जब मिला मैं तो ज़ेरे लब कुछ था

जलन गर फ़िक्र की न मद्धम हो
ग़ज़ल कहिये के दर्द कुछ कम हो

बुझा सा लग रहा है क्यों सूरज
ज़रा फूँको, जो साँसों में दम हो

नहीं रोया नहीं, मैं सोया था
मेरी पलकों पे शायद शबनम हो

यह ग़म की रसम है उदास रहो
कहीं ऐसा न हो उन्हें ग़म हो

न जाने सर में क्या क्या बजता है
कोई रक़्क़ासा है अगर ''छम'' हो!

□□

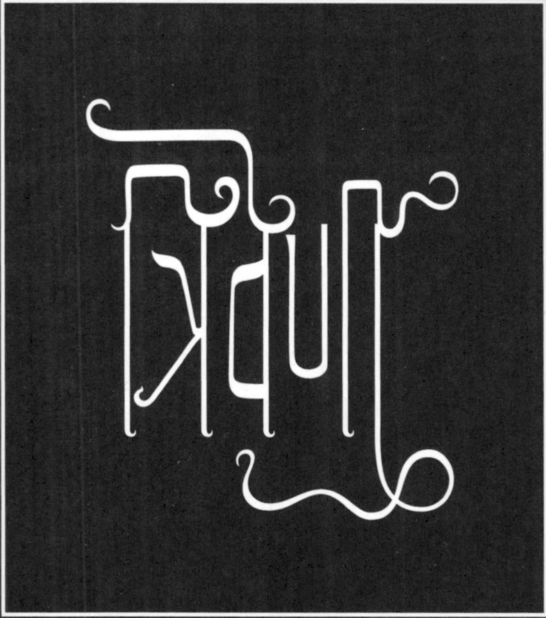

1. कर्वट लेकर जब ये पल, इस जगह से लुढ़केगा
दूसरा पल कर्वट लेकर इस जगह पे आयेगा

कर्वट लेते पलों पे सदियाँ ज़िन्दा रहती हैं!

2. अगला पल जीने के लिए
पिछले पल को विदा तो कर लो!

कल जो गया, वो गया नहीं है!!

3. देर तक आस्माँ पे उड़ते रहे
इक परिन्दे के बाल-व-पर सारे!

बाज़ अपना शिकार लेके गया!

4. मनों का बोझा लेकर चल रहे हो
बहुत भारी है बोझा ले के चलना

उम्मीदें कम करो, लम्बा सफ़र है!

5. रोज़ यही लगता है कल के दिन उम्मीद बर आयेगी
शाम होते होते लेकिन फिर दिन का हमल गिर जाता है

रोज़ शफ़क़ पर, अंडे की ज़र्दी दिखती है फैली हुई!

6. टूट गया है शायद रात का चाँद बटन
आधा टुकड़ा कल आकाश पे देखा था

शनी के पास तो चौधा हैं, इक देगा क्या?

7. कोई चप्पा नहीं छोड़ा, कोई कोना नहीं छूटा
फ़लक को रात भर छाना है मैंने, और सुबह कर दी

किसी की नथ का हीरा गिर पड़ा था रात तारों में!

8. मोर इक आस्माँ पे बैठा हुआ
रात भर तारे चुगता रहता है

कितने सूराख़ कर गया शब में!

9. तारे दफ़ना के रात बैठी है
आफ़ताब एक ग़ार में बन्द है

क़ब्र पर इक चिराग़ जलता है!

10. एक उम्मीद दफ़न है उस में
रात रहती है जिस जज़ीरे पर

आफ़ताब एक ग़ार में बन्द है!

11. सब को सुला के मेरे पास आन बैठी है
इस रात का भी और नहीं कोई, जो सुने!

होते होते दास्ताँ भी बूढ़ी हो गयी!!

12. तभी तभी मेरी थोड़ी सी आँख लगी थी
चाँद ने जब खिड़की पर आकर दस्तक दी थी

क्या तुमने कल, कुछ कहला कर भेजा था?

13. चाँद ने कल खिड़की पर आ कर दस्तक दी थी
मैंने उठ कर देखा बाहर कोई नहीं था

चिक पर चाँदनी से कुछ लिखकर चला गया था!

14. कल जब रात के बाल खुले तो उसका 'रिबन'
दूर ज़मीं पे जाके गिरा लहराता हुआ!

रात को देखी 'थम्पू' नदी बल खाती हुई!!

15. किस घोड़े की नाल गिरी है तारों में
आधी रात ये कौन गया है पार फ़लक के?

इश्क़ है जिसके पाँव ज़मीं पर पड़ते नहीं!

16. पर्दे खींच के, सब दरवाज़े बन्द किये थे
फिर भी क़ैद नहीं कर पाया था मैं उसको

सूरज को मालूम था रात कहाँ पर बन्द है!

17. शाख़ पे सुबह से गोरैया चहक रही है
तुम को मेरे घर से निकलते देखा होगा

रुसवा करने वाले अकसर अपने होते हैं!

18. दो ही लोगों की जगह नज़्म में है, आ जाओ
आओ ले चलते हैं अफ़लाक घुमा लायें तुम्हें!

याद रखोगे कि शायर से मुहब्बत की थी!!

19. खुलने लगे हैं, आस्मान के सिरे उफ़क़ से
कितनी जगह से, अब ये ख़ैमा, उधड़ने लगा है

सारा दिन, बैठा नज़्मों से, रफ़ू करता हूँ!

20. तुम्हारी नज़्म सुन कर दोस्त, कट जाते हैं सीने
ज़ुबां की धार से लोगों में फिरक़े बाँट देते हो

बला का उस्तरा आया है इक बन्दर के हाथों में!

21. हलके हलके और सफ़ेद से बादलों के इक हाले में
'हाफ़ फ़राईड' अंडे की तरह रखा ये पीला पीला चाँद

सारे दिन में खाने को इक सूखा टोस्ट भी देखा नहीं!

22. तुम एक बूँद हो, गिर के घटा से पत्ते पर
समझ रहे हो कि जंगल तो गूँज उठा होगा

गरजते बादलों से भी यहाँ तो पर नहीं हिलता!

23. तुम एक बूँद हो भटके हुए से बादल की
किसी चट्टान पे गिरने से क्या सदा होगी!

समन्दर सर पटकता है यहाँ, किसने सुनी है?

24. जितनी बार वो खाँसता था लगता था जैसे
फिर मालिक का बूट बजा दरवाज़े पर

सूद निगल के उसने आत्महत्या कर ली!

25. मौत के बाद बहुत लोगों ने ज़िन्दा रक्खा
ज़िन्दा था जब तक लोगों ने मारा उसको!

हाँ 'मण्टू' के साथ भी कुछ ऐसा ही हुआ था!

26. कॉमरेड कैसा ज़िन्दा लगता है
हार चढ़ता है रोज़ फ़ोटू पर

ज़िन्दगी में तो सिर्फ़ मरता रहा!

27. सुना है एक शख़्स है, गली के मोड़ पर
आज भी वो चैन की नींद सोता है

चल के देखें तो ज़रा, है किस ज़माने का?

28. बसों, कारों के, हर जानिब अलाव जल रहे हैं
सड़क से रक़्स करते ग़ुल मचाते दंगे गुज़रे हैं

कभी ये भी तो दिखलाओ, 'रिपब्लिक डे' की झाँकी में!

29. तुमने जब ख़ुदकुशी की कोशिश की थी
मौत का डर निकल गया था तब दिल से

अब तुम्हें ज़िन्दगी से क्या डर है!

30. दोस्त ने राज़ ऐसे फ़ाश किया
जूठे बर्तन में जैसे दूध फटे

लब से निकली जो बात, बात गयी

31. “फूल की पत्ती से कट जाते हैं हीरे”
आरी से कटती नहीं नाभि की नाड़ी

सख़्त, कितने सख़्त होते हैं ये रिश्ते!!

32. इक नौ साल का लड़का मेरे साथ आया था
देखना मेरी फ़ाइल में, है या भाग गया

कहीं किसी काग़ज़ के साथ ही टाँक दिया न हो!

33. ना कोई छोड़ रहा है, ना कोई खींचता है
मैं अपने आप बहे जाता हूँ नदी की तरह

ना डूबता हूँ, ना रुकता हूँ, और ना सूखता हूँ!

34. दिन में छिप जाते हैं रात को छेड़ते हैं
दर्द मेरे भी आँख मिचौली खेलते हैं

तन्हाई क्यों आँख पे पट्टी बाँध के आती है!

35. बारिश रुकी हुई है कल से
और घुटन भी ज़्यादा है

रो कर कब दिल हलका हुआ है?

36. हमारे पाँव अँधेरे में गरचे डूब गये हैं
तुम अपने पाँव हमेशा उजालों में रखना!

चिराग़ सारे हथेली पे आग उठाये खड़े हैं!

37. पत्थर पे बैठे बैठे पूछा था तुमने
कितना गहरा है बोलो, इस झील का पानी

एक ही बारिश में वो पत्थर डूब गया!

38. मालूम है याद करते हो तुम
मालूम है मुझ को भूले नहीं

हर हिचकी ख़बर दे जाती है!

39. मैं हकलाने लगा हूँ, हिचकियाँ ले ले के सारा दिन
मुझे शक है कि सारा दिन मुझे तुम याद करती हो!

सुनो, क्या रात को अब नींद आने लग गयी तुमको?

40. एक अँधेरा सा उमड़ आता है जब आते हैं बादल
गड़गड़ाते हैं, मगर कोई बरसता भी नहीं है

तेरे वादों की तरह बिजली चमक जाती है अकसर!

41. सुर्ख़ कुछ दाग़ मिला करते थे रूमालों पे अकसर
मेरे कॉलर पे, मेरी जेब, मेरे कपड़ों के ऊपर

गुलमोहर था मेरी खिड़की पे, कोई काट गया है!

42. काश्नी रंग, ये पश्मीना, पहलगाम की सर्दी
शाल लेने का भी अन्दाज़ तेरा, सब से अलग है

जी तो करता है कभी धूप लपेटें हम भी!

43. काश्नी रंग था, पश्मीना था, गुलमर्ग की बर्फ़ें
बात करते थे तो होंठों से निकलता था धुआँ

अब भी सीने से निकलता है वो दिन याद करें तो!

44. अँधेरे में फ़ोन पे कितनी बातें कीं
कितनी देर जलाये रखी रौशनी तुमने

कल जब मेरे घर की बिजली चली गयी थी!

45. झील की सीढ़ियों पर शाम को बैठे बैठे
ज़ुलफ़ें सहलाते थे हम उँगलियों के पोरों में लेकर

अब वो कंघी में लटकती हैं तो अच्छी नहीं लगतीं!

46. जैसे जड़ें सुराग़ लगाती हैं पानी का, पत्थर में
दमा पड़े तो साँसें फेफड़ों में अपनी जड़ ढूँढ़ती हैं

सहरा में देखा है कभी जब धूप में केकर खाँसते हैं!

47. शाख़ से कूद तो गया पत्ता
पीठ पर ले के उड़ गयी है हवा!

पाँव लगने तो दे ज़मीं पे कहीं!

48. जिन पेड़ों पर मौलश्री के फूल आते थे
किसने इन पेड़ों की छाँव काटी है

इनके नीचे रोज़ अनारकली सोती थी!

49. चाहे तो जंगलों को छील दे ज़मीन से
मैं जानता हूँ ज़ोर कितना है हवाओं में

सफ़्ह मगर पलट न सकी दास्तान का!

50. धूप न खाद, न मिट्टी पानी इन को देना पड़ता है
कितनी असली हैं ये नक़ली शाख़ें पेड़ों की

लेकिन इन पर बैठ के पंछी अपनी बीट गिराते नहीं!

51. शहर में घुटनों घुटनों पानी भरा है
दो क़दम पैर उठाके चलना मुश्किल है!

पेड़ भी पायँचे उठा के खड़े हैं!

52. राहें इस शहर में उड़ती हैं परिन्दों क़ी तरह
और परिन्दों की तरह शाख़ पे रुकतीं भी नहीं

उड़ते फिरते हैं, हर एक तरफ़ 'फ्लाई ओवर'!

53. इतना अँधेरा है ज़मीं पर
आस्मान रौशन लगता है

शहर की बिजली चली गयी है!

54. घास की पत्ती भी न मुड़ी पैरों के तले
ख़रगोश था कोई, कूद फलाँग के टाप गया

कितनी जल्दी देखा के साल गया!!

55. मुँह का निवाला निगल तो लो ना
अगला निवाला तोड़ रहे हो!

मुस्तक़बिल की फिक्र लगी है?

56. बहुत सोता है और वो सुस्त है, मैं जानता था
मगर पण्डित बहुत जल्दी जगा देता है उसको!

ख़ुदा के साथ मेरी नींद भी ख़राब करता है!!

57. वो दोनों दावेदार थे, अपनी ज़बान के
उर्दू तेरी ज़बां नहीं, हिन्दी मेरी नहीं!

दो बेअदब अंग्रेज़ी में लड़ते हुए देखे!!

58. जिल्द के टाँके इस तरह उखड़े
सारे सफ़हे बिखर गये उड़ के!

क़ौल, इक़रार, और अक़ीदे सभी!

59. कितना कुछ उस में और भी टूटा
मेरे हाथों से जब किताब गिरी!

कितने किर्दारों को लगीं चोटें!

60. बादल ने फिर गरज के गला साफ़ किया है
पत्ते बजा के गायेगा मल्हार ज़मीं पर!

ये शहर डूब जाता है, लम्बे आलाप में!

61. ज़ेवर ख़रीदने ज़मीन रात गयी थी
तारे सजा के आसमान बैठा हुआ था!

सूरज के साथ ब्याह है सुबह ज़मीन का!

62. मुँदी सी आँखें और आलसी इक लकीर उठती हुई धुएँ की
ये लग रहा है, तुम्हारा चेहरा किसी ख़याल से, सुलग रहा है!

लबों पे जलता हुआ ये सिग्रेट, गिरा न देना, ब्याज़ पर तुम!

63. जुस्तजू भी तो नहीं, न किसी चेहरे की उम्मीद
क्यों नज़र जाती है, हर मोड़ पर, क्या देखना है?

तू मेरे शहर में आयी है सुना है मैंने!

□□